LETTRE

AUX DÉPUTÉS

LETTRE

AUX DÉPUTÉS

PAR

MME OLYMPE AUDOUARD

> Lorsque les anciennes mœurs ont été détruites par une révolution sociale, il faut en recréer de nouvelles d'accord avec les nouveaux principes, avant que la liberté soit possible.
>
> (*Idées Napoléoniennes*, p. 38).

EN VENTE

AU BUREAU DE LA *REVUE COSMOPOLITE*

2, RUE DE MÉNARS

CHEZ DENTU, LIBRAIRE-ÉDITEUR

PALAIS-ROYAL, GALERIE D'ORLÉANS

ET CHEZ TOUS LES LIBRAIRES

—

1867

LETTRE
AUX DÉPUTÉS

LES DROITS DE LA FEMME

LA SITUATION QUE LUI FAIT LA LÉGISLATION FRANÇAISE

Messieurs les Députés,

Vous avez déposé une foule d'amendements ayant rapport à la nouvelle loi sur la presse; mais je remarque avec étonnement que pas un seul parmi vous n'a songé à en présenter un qui établisse clairement la situation de la femme dans le journalisme; — et pourtant, sans compter une trentaine de feuilles purement littéraires qui sont dirigées par des femmes, il y a à Paris cinq journaux politiques importants dont des femmes sont les propriétaires.

Je sais bien que vous ne représentez à la Chambre que les

hommes, puisque toute femme, quelle que soit son intelligence et sa position, est jugée par le Code *incapable*, et, fût-elle comme Mme Barnabot, de Marseille, propriétaire et directrice d'usines qui valent plusieurs millions, et où des centaines d'ouvriers trouvent du travail tous les jours, elle n'en serait pas moins censée posséder trop peu de discernement pour contribuer au choix d'un député.

Mais cependant, messieurs, si vous vouliez bien vous souvenir quelquefois que c'est à ce paria du Code que vous devez le jour, que cet être déclassé dans la société, qu'on nomme *la femme*, est pour vous synonyme de mère, fille et sœur, alors même que notre vote ne peut vous être acquis, vous vous préoccuperiez un peu plus de nos intérêts, gravement compromis par la situation qu'on nous fait.

Je vous citerai quelques textes de loi à l'appui de ce que j'avance, en me bornant cette fois-ci au journalisme. L'article 1er du décret organique du 17 février 1852 et l'article 9 de la rédaction adoptée par la commission et par le Conseil d'État pour la nouvelle loi sur la presse, affirment tous les deux qu'aucune femme ne pourra *signer* dans un journal ou dans un écrit périodique, sous peine se voir condamnée, et, à son défaut, l'éditeur responsable de ladite feuille, à une amende de 1,000 à 5,000 francs!!! Quoique vous ayez voté la première de ces lois et que vous soyez sans doute prêts à voter la seconde, je crains que vous ne m'accusiez d'exagé-

ration, aussi je me hâte d'ajouter à ces citations un fait per—
sonnel.

J'ai eu un journal pendant quatre ans, de 1860 à 1864 ; il n'était pas politique. Eh bien, j'ai été mandée dix-sept fois au ministère de l'intérieur, et dix-sept fois j'ai été à la veille d'être supprimée. Pourquoi ? Parce que, lorsque je disais que la nouvelle du jour était la prise de Mexico, on m'accusait de parler politique ; lorsque je me rejetais sur la récolte des pommes de terre, on me reprochait de me mêler d'économie politique ; enfin lorsque je parlais de la femme, par exemple, on me disait que je tombais dans l'économie sociale !... Si, avec trois lignes de l'écriture d'un homme, il est possible de le faire pendre, il est certain qu'il suffit de trois lignes im- primées pour s'attaquer à un journal, pour condamner son rédacteur en chef à 5,000 francs d'amende et à un ou deux mois de Sainte-Pélagie, et enfin pour le supprimer.

Cette épée de Damoclès suspendue sur la tête du journa- lisme manque de charme, surtout lorsque vous risquez d'être ruinée, sans pouvoir, comme femme, vous défendre.

La lettre impériale du 19 janvier semblait nous promettre des horizons nouveaux : tout Français se trouvait libre de fonder un journal politique.

Je crus comprendre que ce mot *Français* voulait dire *tout être intelligent* des deux sexes, et, forte de cette croyance, je rentrai dans le journalisme en fondant la *Revue cosmopolite.*

Cette Revue devait rester non politique, mais au bout de quelques numéros je m'aperçus des dangers que je courais.

La distinction est tellement subtile entre ce qui est politique et ce qui ne l'est pas, la démarcation si difficile entre ce qu'il est permis de traiter dans la littérature, la musique et la science, et ce qui est défendu par la loi, qu'on peut, sans s'en douter, franchir les limites imposées, même en parlant chiffons : car, qui sait si, en signalant à l'admiration ou au mépris du public la couleur Bismark, par exemple, on ne serait pas accusée de faire de la politique, et si, par conséquent, on ne se verrait pas condamnée à l'amende et à la suppression ?

Ce danger m'a justement effrayée, et comme, d'un autre côté, je voyais, messieurs les Députés, que vous n'étiez guère pressés de nous faire bénéficier des libertés promises par la lettre impériale, j'ai écrit à S. Exc. M. le Ministre de l'intérieur pour le prier de m'autoriser à déposer un cautionnement afin de mettre la propriété de mon journal à l'abri de toute surprise.

Voici ce que M. le Ministre de l'intérieur a jugé à propos de me répondre :

Paris, le 12 juin 1867.

Madame,

Vous m'avez fait l'honneur de m'écrire pour me demander l'autorisation de créer à Paris une feuille politique sous le titre de *Revue Cosmopolite.*

L'article 1ᵉʳ du décret organique du 17 février 1852 stipule formellement que l'autorisation préalable ne pourra être accordée qu'à un Français majeur, jouissant de ses droits civils et politiques.

J'ai donc le regret de ne pouvoir donner suite à votre demande.

Recevez, etc., etc.

Le Ministre de l'intérieur,

LAVALETTE.

Cet article 1ᵉʳ du décret organique stipule donc *formellement* que la *Française* ne jouit ni de ses droits civils ni de ses droits politiques, puisque M. le Ministre motive là-dessus son refus !

Passons maintenant à l'article 9 de la loi que présente la commission, et qui est approuvé par le Conseil d'État. Cet article dit que « la publication par un journal ou écrit périodique d'un article signé par une personne privée de ses droits civils et politiques... est punie d'une amende de 1,000 à 5,000 francs. » Tirez-en, messieurs les Députés, la conclusion !

Une femme, en France, en l'an de grâce 1867, ne saurait donc signer un article dans un journal ou dans un écrit pé—

riodique, sans se voir condamnée à une amende de 1,000 à 5,000 francs !

Qu'en diront ces millions d'étrangers venus de tous les points du globe pour rendre hommage à notre haut degré de civilisation?

Espérons au moins que l'article 9 de la loi que vous avez mûrement et longuement élaborée n'aura pas d'effet rétroactif, car sans cela, comme j'ai signé depuis 1860 plus de deux cents articles dans des journaux et écrits périodiques de tous genres, je me trouverais passible au minimum de deux cent mille francs, et au maximum d'un million de francs d'amende !

Certes, ce serait chèrement payer le droit de donner un corps à sa pensée!

Si l'on peut quelquefois reprocher au Code de chercher à dissimuler ce que ses articles ont de fâcheux et d'humiliant pour la femme, les deux articles précités ont au moins le mérite de la franchise.

Tant que d'autres articles d'une autre nouvelle loi ne seront pas venus les abroger, tant qu'une femme n'aura pas, tout comme un homme, le droit d'exprimer sa pensée à ses risques et périls, sa situation dans la presse sera matériellement impossible : privée de toute carrière libérale, alors que déjà elle en voyait si peu d'autres ouvertes devant elle. la femme devra renoncer à un droit qu'il est cependant impossible de lui contester, je veux dire au droit de se créer des ressources par un travail intelligent.

Est-ce là ce que vous désirez ?

Non, mille fois non, messieurs les Députés, et j'en appelle à votre loyauté pour vous faire convenir que cette situation n'est pas digne du pays que vous représentez. Ayez donc le courage de réclamer pour la Française une position en harmonie avec les idées de l'époque et qui réponde à ce grand principe d'égalité que vous avez inscrit dans vos lois.

Suivez en cela l'exemple que vous donne la jeune Amérique, et soyez persuadés que nous saurons aussi dignement porter le poids de notre majorité que nos sœurs des États-Unis.

N'oubliez pas aussi qu'il s'est trouvé dans la vieille Albion un orateur éminent pour défendre nos droits ; et que même en Russie, dans ce pays que bon nombre d'entre vous croient encore barbare, la femme est si bien majeure qu'elle peut disposer librement de sa fortune sans que son mari ait le droit de s'y opposer.

Le Code français assimile presque toujours la femme à un

mineur, mais voici où il manque de logique : est-il question d'un privilége ou d'une liberté, il lui dit *non possumus* : vous êtes mineure; mais s'agit-il de sévir, il la condamne et la punit comme si elle jouissait de sa grande majorité.

Le contraire a lieu dans un pays où les libertés constitutionnelles, dont nous sommes si fiers, n'ont pas pénétré encore. En Turquie, la loi reconnaît la femme comme une mineure, mais au moins la traite-t-elle toujours en conséquence ; elle la protége comme un tuteur, et lorsqu'elle la punit, elle y met la même indulgence dont usent souvent nos tribunaux lorsqu'ils ont à juger un être qui ne jouit pas encore de son discernement complet. Cette loi est, j'en conviens, humiliante pour la femme, mais au moins elle est logique, car si la femme éprouve les ennuis de sa minorité, elle en a aussi les bénéfices. Mais, nous autres Françaises, nous avons l'humiliation et les ennuis, sans aucun avantage.

En réclamant pour la Française la jouissance de ses droits civils et politiques, que pouvez-vous craindre?

Qu'elle soit électrice et éligible?

Quel préjudice cela porterait-il à la grandeur de la France et à la sécurité du pays?

Craindriez-vous, par hasard, messieurs les Députés, que

votre dignité et celle de la Chambre fussent compromises si des femmes venaient y siéger à côté de vous?

Non, n'est-ce pas, car elles pourraient être vos mères ou vos filles, deux êtres qui pour tout homme sont les plus dignes d'estime et de respect.

Craindriez-vous qu'avec l'élément féminin la Chambre ne perdît de son sérieux et de sa gravité?

Mais, si j'ai bonne mémoire, l'an passé vous y avez parlé crinoline, vous y avez fait quelques spirituelles allusions à la famille Benoiton, voire même au fameux sapeur, trois graves questions peut-être, mais qui n'ont rien de commun avec la discussion du budget, la paix ou la guerre. Et pourtant vous n'étiez qu'entre hommes!

Craindriez-vous, par hasard, qu'avec la mauvaise réputation qu'on nous a faite de ne pas *savoir écouter*, les interruptions ne devinssent plus fréquentes?

Il me semble que certains d'entre vous s'y livrent assez volontiers, au point d'avoir amené l'honorable Président à dire récemment à un interrupteur célèbre cette phrase mémorable : « Commencez par verrouiller votre parole. »

Autre question.

Que pourrait redouter le Gouvernement en laissant aux

Françaises le droit de traiter de la politique et de l'économie sociale dans les journaux ?

Craindrait-il que les femmes ne fussent incapables d'avoir la sagesse et la modération de M. Émile de Girardin ?

Craindrait-il que nos articles ne fussent moins drôles que ceux de M. Ernest Dréolle ?

Craindrait-il qu'à l'exemple du *Siècle*, nous ne respections pas assez les bases sacrées de la société, de l'ordre et de la religion ?

Ou qu'à l'instar de la bonne vieille *Gazette de France*, nous ne fassions pas assez remarquer qu'une inondation, une pluie de sauterelles, un ravage du choléra, sont autant de fléaux envoyés par Dieu pour nous punir de l'abandon de certaines croyances ?

Craindrait-il que notre excès d'enthousiasme ne fît du tort à ses protégés, ou que notre froideur ne paralysât ses bonnes intentions ?

Le Gouvernement a fait depuis longtemps l'expérience de la façon dont les hommes entendent et remplissent le sacerdoce de la presse, comment ils s'acquittent de la noble mission qu'ils ont d'éclairer et de guider l'opinion publique. Il a pu s'assurer de ce que vaut le patriotisme des uns et le désintéressement des autres... Il sait aussi à quoi s'en tenir sur certaines récompenses et subventions.

Et c'est pourquoi, sans doute, il veut laisser aux hommes le droit exclusif de traiter des intérêts les plus sacrés de la patrie, dans la crainte que les femmes ne sachent pas arriver à ces hauteurs, qui sont cependant si accessibles.

Que le Gouvernement nous laisse donc la liberté de nous occuper aussi de la politique : cette audace de sa part ne serait pas une bien grande imprudence, car si nous ne sommes pas à la hauteur de nos confrères, si nous sommes plus mauvaises têtes que beaucoup d'entre eux, si nous nous trouvions, par hasard, moins zélées ou moins maladroitement dévouées, si, en un mot, nous disions blanc quand il faudrait dire noir, le Gouvernement aurait toujours le moyen de nous faire taire en usant du droit qu'il possède de nous faire condamner à 5,000 fr. d'amende, avec quelques mois de prison par-dessus le marché, sans parler de la suppression, qui est l'*ultima ratio* de l'administration.

Notre conclusion, comme on le voit, n'est pas basée sur une exception en notre faveur. —Le droit commun, l'égalité devant la loi, avec toutes ses conséquences, rien de plus, mais aussi rien de moins. Tout est préférable à une exclusion systématique, aussi blessante qu'humiliante pour notre sexe.

OLYMPE AUDOUARD.

Paris, ce 19 juin 1867.

AVIS

AUX ABONNÉS DE LA *REVUE COSMOPOLITE*.

Les *Abonnés de la* Revue Cosmopolite *sont prévenus qu'elle cesse de paraître à partir d'aujourd'hui. La Direction tient à leur disposition le surplus des abonnements versés, en se chargeant toutefois de leur continuer leur service avec le journal qu'ils nous indiqueront.*

Ils voudront bien adresser, comme toujours, leurs réclamations, 2, rue de Ménars.

OLYMPE AUDOUARD.

PARIS, IMPRIMERIE JOUAUST, RUE SAINT-HONORÉ, 338.

www.ingramcontent.com/pod-product-compliance
Lightning Source LLC
Chambersburg PA
CBHW061223050726
47594CB00008B/3770